いつものルウで本格派

超絶！
肉の家カレー革命

決定版 ビーフ
　　　　ポーク
　　　　チキン…

水野仁輔

主婦と生活社

肉のうまみで、
GO TO HEAVEN な心地に

　肉が主役のカレーを作りたいと思ったとき、市販のカレールウを手にするのは、反則レベルの行為です。だって、おいしすぎる。スプーンを持つ手が止まらなくなる。ごはんがいくらあっても足りない。まあ、いいことばかりですが。

　カレールウにはもともと、動物性のうまみがたっぷり含まれています。極端に言えば、お湯に溶いただけでおいしくなるほどのおいしさがある。そこに具としての肉のおいしさが加わるのですから無敵です。せっかくだから「これ以上はない」というほどおいしいカレーを作ってみましょうか。

　肉は種類や部位、形状によって加熱の方法が変わります。やわらかくなるまでにかかる時間が違うからです。たとえば牛肉や豚肉の場合、薄切りの肉ならすぐに火が入りますからどう加熱しても差はありません。ひき肉の場合は、時間が短くてすむのにうまみは出やすい。大きめに切ったときは少し工夫が必要です。やわらかくなるまでに時間がかかりますから。ただ、大変なだけではありません。その分、うまみが抽出される。カレーソースのほうがおいしくなるんです。

　鶏肉の場合は？　骨つきか骨なしかでだいぶ違います。骨のない鶏もも肉や鶏胸肉なら10分もかからずに火が入ります。骨つきだと長ければ30分以上必要になる。こちらも煮込み時間が長くなればチキンブイヨンのようなおいしさが生まれます。とはいえ、煮込みというプロセスは、放っておくだけですから、手間がかからないんですね。火にかけておけば時間が解決してくれる。自分はがんばらなくていいわけですから、気は楽です。

　肉のカレーにはもうひとつ、メイラード反応という強い味方があります。表面に焼き色をつけるとアミノ酸と糖分が化学反応を起こして「おいしい香り」が生まれる。生の肉にはないおいしさを感じられるんです。とにかく肉には火を入れる。うまみが出てしまえば、こっちのもん。カレールウのおいしさとの相乗効果は約束されていますよ。

いつものルウで、
家のカレーはもっとおいしくなるんだよ

　家で食べるカレーってのは、不思議な力を持っているなぁ、とつくづく思う。ひと言でいえば、おいしいってこと。それもただのおいしいとは違う。自分の家で食べるカレーは、他人の家で食べるカレーよりも、レストランにわざわざ行って食べるカレーよりも、絶対においしいと思うんだ。不思議だと思わない？　その道何十年の腕利きシェフが作るプロのカレーよりも、家で食べる素人のカレーのほうがおいしいと思っちゃうなんて…。そんな料理はカレーだけかもしれない。

　実はこれって、幼いころから同じ味を食べ続けることで生まれる。習慣に基づいたおいしさなんだ。カレーの味そのものよりも、懐かしさとか、ほっと落ち着く安心感みたいなものが家カレーにはある。だから、いつも同じ味であることがおいしさの秘訣だったりする。昔も今も変わらないカレー。

　でも、ちょっと考えてみて。変わってないってことは、10年前や20年前から成長がないってこと。「習慣」のおいしさに頼ってしまって、よりおいしい味への挑戦をしていなかったのかもしれない。それじゃもったいない。変わらなくちゃ。家カレーの味は、本当は今よりもっとおいしく進化されていくべきなんだ！

　意外と誰も真剣に取り組んでこなかった家カレーの進化に、ボクは真っ向から取り組むことにした。みんなの食卓に並ぶカレーに、革命が起こるくらいの、とびっきりのレシピを紹介しよう。特別なスパイスの配合をしたり、高級な食材を使ったりすれば、もちろんいつもよりおいしいカレーはできる。でもそれだけじゃいけない。いつもと同じ材料で、もっとおいしく作れなくちゃ。

　だからボクは大きな決断をしたんだ。
「よし、どのカレーもすべて、市販のルウを使ったレシピにしよう！」。

市販のルウをもっとおいしくする
「水野流のオキテ」

ルウは気持ち控えめに

　ルウってのは本来、お湯に溶くだけでカレーになるように設計されている。でも、実際に作るときには、肉や野菜を入れたり隠し味を使ったりいろんな味を足していくよね。どんどん味が濃くなり複雑になっていく。足した分は引かなくちゃ。だから、使うカレールウの分量は、標準よりちょっとだけ少なめにするといい塩梅になるよ。

ルウは火を止めてから入れる

　グツグツ煮込んでいる鍋にそのままカレールウを入れて混ぜちゃってない？　これは禁物。カレールウを入れるときには必ず一度、火を止めること。それからルウを溶かし混ぜ、再び加熱してとろみが出るまで混ぜ合わせる。そうするとルウが均一になじんで、なめらかな舌ざわりが生まれるんだ。

ルウを入れたら煮込みすぎない

　カレーは煮込めば煮込むほどおいしくなる、というイメージがあるようだけれど、ルウが溶けてから長い時間コトコト煮込み続けるのは、あんまり意味のない行為。味はほとんど変わらないんだ。無駄に煮込んだ分、具の形がくずれたり、具のうまみエキスがカレーソースに奪われて、味けない仕上がりになっちゃうからね。

Contents

これぞカレーの王様
ビーフの家カレー _____ 9

レパートリーが倍増
ポークの家カレー _____ 33

＊本書の決まりごと
・1カップは200ml、大さじ1は15ml、小さじ1は5mlを基準にしています。
・調理時間は、材料を切ったり下味をつけたりするところから、仕上がるまでの目安時間です。
　材料を洗う、ごはんを炊くなどの時間は含まれません。
・材料表のカレールウの分量は「●皿分」というように、皿数で記しています。1皿分のグラム
　数や固形ルウのブロック数は、商品によって違いますので、パッケージの表に従ってください。
・カレールウは「中辛」を使用していますが、辛さはお好みでお選びください。

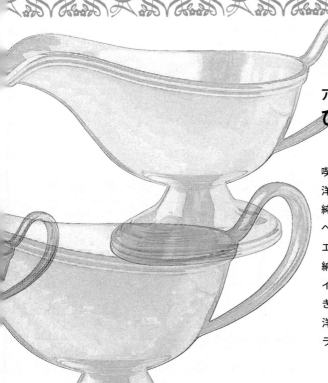

シンプルな野菜のサラダやあえものを
カレー風味でパンチの効いた1皿に！
マンネリになりがちな副菜に、新しい風が吹くよ。

トマトと玉ねぎのカレー酢あえ

トマトに酸味がある分、酢は控えめに。
黒こしょうはひきたてがおすすめ。

材料（4人分）

トマト　1個
玉ねぎ　1/2個
カレー酢
　カレー粉　小さじ1
　砂糖　小さじ1
　酢　大さじ1
　黒こしょう（粗びき）　小さじ2

作り方

1　トマトは1cm角に切る。玉ねぎは
　みじん切りにする。
2　ボウルにカレー酢の材料を入れて
　よく混ぜ、1の野菜を加え、てい
　ねいにあえる。

きゅうりのライタ

「ライタ」はヨーグルトソースのあえもの。
カレー粉は香ばしくいってから使うのがポイント。

材料（4人分）

きゅうり　1本
トマト　1個
玉ねぎ　1/2個
カレー粉　小さじ1/2
プレーンヨーグルト　100g
塩　少々

作り方

1　きゅうり、トマトは1.5〜2cm角
　に切る。玉ねぎは横に半分に切り、
　繊維に沿って薄切りにする。
2　フライパンにカレー粉を広げて、香
　ばしい香りが立つまで弱火でからい
　りする。
3　ボウルにすべての材料を入れて混ぜ
　合わせる。

これぞカレーの王様

ビーフの家カレー

大切な人をもてなしたい。
家族にびっくりしてもらいたい。
だから、今日のカレーの主役は牛肉！
ちょっとスペシャルな気分、
手作りカレーで伝えられるかな？

薄切りなのに、牛肉の味がガツンとくる！

基本のビーフカレー

材料（4人分）

- 牛バラ肉（薄切り）　300g
- 塩・こしょう　各少々
- 酒　1/2 カップ
- 玉ねぎ　大1個
- セロリ　1/3 本
- りんご　1/2 個
- サラダ油　大さじ2
- 水　3カップ
- はちみつ　大さじ1
- **カレールウ　3.5 皿分**
- ごはん　適量

ビーフの家カレー

前からずっと疑問に思っていたことがある。スーパーで売ってるカレー用の牛肉ブロックって、普通に煮込んだら硬くなっちゃわない？　本当においしく煮込もうと思ったら表面をしっかり焼いたり、2時間も3時間もコトコト煮込んだり、けっこう手間がかかるんだ。だからボクのやり方は、薄切り肉を仕上げに入れてサッと煮るだけ。そうすれば、牛肉の味がしっかり主張するカレーに仕上がるんだよね。

作り方

1　牛肉は塩、こしょう、酒をまぶしておく。玉ねぎは縦半分に切って5〜6mm幅に切る。セロリは半分に折り、りんごはすりおろす。

2　鍋にサラダ油を入れて中火で熱し、玉ねぎを加え、油が全体にまわるまで炒める。

3　分量の水を注ぎ、煮立ったら、セロリ、りんごを加え、ふたをして弱火で10分ほど煮る。はちみつを加え、さらに10分ほど煮て火を止め、セロリを取り除き、カレールウを溶かす。

4　1の牛肉を加えて再び弱火にかけ、肉に火が通るまで混ぜながら10分ほど煮る。器にごはんを盛り、カレーをかける。

（調理時間：40〜45分）

肉を長く煮込むとうまみが煮汁に出すぎて、出しガラになってしまう。薄切りなら、炒めずに生のまま、仕上がりぎわに加えてサッと火を通すだけで十分。

魅惑の香り・ガラムマサラが牛肉のうまさをアップ。

何度も作りたくなる**絶品ビーフカレー**

材料（4人分）

- 牛もも肉（シチュー用）　500g
- 塩・こしょう　各少々
- ガラムマサラ　小さじ2
- 玉ねぎ　1/2 個
- にんじん　1/2 本
- セロリ　1/4 本
- サラダ油　大さじ2
- 水　3と1/2カップ
- **カレールウ　4皿分**
- ごはん　適量

作り方

1　牛肉はボウルに入れて塩、こしょうをふり、さらにガラムマサラを加えて混ぜ合わせ、よくなじませておく。玉ねぎ、にんじん、セロリはすりおろす。

2　鍋にサラダ油を入れて強めの中火で熱し、1の牛肉を炒める。全体に焼き色がついたら、1のすりおろし野菜を加え、サッと炒め合わせる。

3　分量の水を注ぎ、煮立ったら弱めの中火にし、ふたをして1時間30分煮込む。

4　火を止めてカレールウを溶かし、再び弱火で1〜2分煮て全体をなじませる。器にごはんを盛り、カレーをかける。

（調理時間：2 時間）

ビーフカレーは王道中の王道。だからこそ当たり前に作るんじゃなくて、工夫を凝らしてひと味もふた味もグレードアップさせたいよね。インドでもおなじみのガラムマサラを、牛肉にもみ込んでおく。そうすると炒めたり煮込んだりしたときに、肉から出る脂とガラムマサラがうまく調和する。しかも食べるときまでいい香りを放ち続けてくれるんだから、すごいよね。

数種のスパイスをミックスしたガラムマサラは複雑な香り。これを牛肉にしっかりまぶしてなじませておくと、臭みが抑えられ、うまみが際立つ。

このカレーの主役は牛肉。脇役の野菜たちはすりおろして加え、ルウに溶け込んだ甘みと香りを味わおう。

赤ワインで牛すね肉をおいしく煮込んだカレーは、お客さんの
ために時間をかけてじっくり作る大人の味だ。このレシピには、
「牛肉をやわらかくおいしく煮込む」ためのコツがいっぱい詰
まってる。だから、カレールウを溶かし混ぜる前までが腕の見
せどころ。慎重にていねいに、でも楽しみながら作ってみて。

ビーフの家カレー

ていねいに作るほど、お肉ジューシー。

赤ワインでじっくり煮込んだ **ビーフカレー**

材料（4人分）
- 牛すね肉　600g
- 塩・こしょう　各少々
- にんにく　2片
- 玉ねぎ　1個
- にんじん　1/2本
- セロリ　1/3本
- ブラウンマッシュルーム　12個
- バター　30g
- 牛脂（またはサラダ油）　適量
- 赤ワイン　1カップ
- 湯　4カップ
- マーマレード　大さじ2
- **カレールウ　4皿分**
- ごはん・ピクルス　各適量

作り方

1　にんにくは薄切り、玉ねぎは縦半分に切って薄切りにする。にんじんは2〜3cm幅の輪切り、セロリは半分に折る。マッシュルームは根元を切り落とす。牛肉は大きめに切り、塩、こしょうをふる。

2　鍋にバターを入れて熱し、にんにく、玉ねぎを中火で15分ほど炒め、きつね色になったらいったん取り出す。

3　あいた鍋に牛脂を薄くひいて中火で熱し、牛肉を焼く。表面にしっかり焼き色がついたら、赤ワインを加えて強火で煮立て、分量の湯を注ぐ。

4　火を弱めて2の野菜を戻し入れ、にんじん、セロリ、マッシュルーム、マーマレードを加える。途中、適宜湯を足しながら、ふたをして弱火で2時間30分ほど煮込む。火を止めてカレールウを溶かし、再びふたをして完全にさます。

5　再び弱火にかけ、とろみがつくまで煮る。器にごはんを盛ってカレーをかけ、ピクルスを添える。

（調理時間：3時間）

＊さます時間は除く。

牛すね肉は、時間をかけてじっくり煮込むと驚くほどやわらかくなる。ルウを加えたらさめるまでおき、じっくり味をなじませるのが「おもてなし」の極意。

じっくり炒めた香味ソースにマッシュルームの風味が凝縮。

ブラウンソースビーフカレー

材料（4人分）

牛ひき肉　400g

デュクセルソース

　ブラウンマッシュルーム　5個

　エシャロット（または小玉ねぎ）*　4個

　バター　50g

　赤ワイン　1/2カップ

ブラウンマッシュルーム　12個

にんじん　1/2本

ピーマン　2個

赤ピーマン　1個

カレールウ　4皿分

　熱湯　2と1/2カップ

黒こしょう（粗びき）　小さじ1/2

ごはん　適量

＊エシャロットや小玉ねぎがなければ、
玉ねぎ1/2個でもよい。

ビーフカレーと相性のいい野菜といえば、マッシュルーム。しかも、ただ入れるだけじゃないんだ。マッシュルームが2通りの方法で活躍する。ひとつは具として。もうひとつは、ソースのベースとして。細かく刻んだマッシュルームをじっくり炒めて赤ワインと煮込むことで、滋味深さが生まれるんだ。これに牛ひき肉が合わされば、もう無敵！

作り方

1　カレールウは分量の熱湯で均一に溶いておく。

2　デュクセルソース用のマッシュルームとエシャロットはみじん切りにする。マッシュルーム12個は縦半分に切る。にんじん、ピーマン、赤ピーマンはみじん切りにする。

3　鍋にデュクセルソースのバターを入れて中火で溶かし、エシャロットを炒める。しんなりしたらマッシュルームのみじん切りを加え、茶色くなるまでじっくりと炒め、赤ワインを注いでひと煮立ちさせる。

4　にんじんを加えて水分をとばしながら炒め、汁けがなくなるまで煮つめたら、ひき肉を加え、黒こしょうをふって炒める。ポロポロになったら、半割りのマッシュルームを加えてサッと炒める。

5　1のルウを注ぎ、鍋を揺すりながらとろみをつける。ピーマン、赤ピーマンを加えてサッと混ぜ、器に盛ったごはんにかける。

（調理時間：30分）

みじん切りのマッシュルームとエシャロットは、茶色くなるまでじっくり炒める。これがルウのベースとなるデュクセルソースに。

アメリカ南部の郷土料理、「ガンボ」をカレーにアレンジ。

ビーフガンボカレー

材料（4人分）
牛肉（シチュー用）　300g
玉ねぎ　1/2個
セロリ　1/2本
ピーマン　5個
オクラ　1パック
にんにく（みじん切り）　1片分
ピーナッツ　30粒
サラダ油　大さじ1
赤ワイン　大さじ3
水　2カップ
カレールウ　4皿分
ごはん　適量

アメリカでは「聖なる三位一体」と呼ばれることもある、セロリ、ピーマン、玉ねぎの3種野菜が活躍するカレー。「三位一体」という言葉どおり、野菜たちは仲よく同じタイミングでしっかり炒めよう。そうすればそれぞれの風味が油に移って、牛肉、赤ワインが加わったときに奥深い味わいを演出してくれる。後半で加えるオクラのとろみも、頼りになる脇役だよ。

作り方

1 玉ねぎ、セロリ、ピーマンは1cm角に、オクラは1cm幅に切る。牛肉は1.5cm角に切る。

2 鍋にサラダ油とにんにくを入れて中火で熱し、香りが出たら玉ねぎ、セロリ、ピーマンを順に加えて炒める。油がまわったら、牛肉とピーナッツを加えてサッと炒め、赤ワインを加えてアルコール分をとばす。

3 分量の水を注ぎ、煮立ったらアクをとり、さらにひと煮立ちさせる。火を止めてカレールウを溶かし、オクラを加え、再び弱火にかけて混ぜながらとろみをつける。

4 器にごはんを盛り、カレーをかける。

（調理時間：25分）

にんにくの香りを移した油で「聖なる三位一体」＝セロリ、ピーマン、玉ねぎをじっくり炒める。

オトナのキーマは、とことん炒めて、とことん香ばしく！

ビーフキーマカレー

ビーフの家カレー

材料（4人分）

牛肩ロース肉（ブロックまたは厚切り）　450g
ブラウンマッシュルーム　100g
玉ねぎ　1/2 個
しょうが　1 片
ミックスナッツ　50g
サラダ油　大さじ 2
薄めのコーヒー　2 と 1/4 カップ
中濃ソース　小さじ 2
カレールウ　3 皿分
ごはん　適量

キーマは「細かい肉」のこと。せっかく牛肉を使うなら、ひき肉よりも自分で細かく刻んだ肉のほうが存在感が出るよ。しっかり炒めてこんがりとさせ、ミックスナッツとコーヒーで、さらなる香ばしさとほのかな苦味を加えたオトナなカレーに。ドライカレーのようにとろりと煮つめず、ほどよくさらりと仕上げるのもオトナなポイントだ。

作り方

1 マッシュルームは縦半分に切って薄切りにする。玉ねぎ、しょうがはすりおろす。ミックスナッツは粗く刻んでポリ袋に入れ、たたいてつぶす。牛肉は粗みじん切りにする。

2 鍋にサラダ油を入れて強めの中火で熱し、牛肉を 5 分ほど炒める。完全に火が通ったら玉ねぎとしょうがを加えて 10 分ほど炒め、マッシュルームとミックスナッツを加え、中火にしてさらに約 3 分炒める。

3 コーヒーを注いで煮立て、ソースを加え、ふたをして 5 分ほど煮る。火を止めてカレールウを溶かし、再び弱火にかけて適度に煮つめる。器にごはんを盛り、カレーをかける。

（調理時間：30 分）

カレーと出合えば、フレッシュバジルもアジアンテイスト。

タイカレー屋さんの
牛肉と野菜のココナッツミルクカレー

[香り UP！：バジル]

ビーフの家カレー

材料（4 人分）

牛カルビ肉　400g

なす　2 個

赤ピーマン　2 個

バジル（生）　1 パック

カレールウ　3 皿分

　熱湯　1/3 カップ

オリーブオイル　大さじ 1

ナンプラー　大さじ 1

ココナッツミルク　1/2 カップ

ごはん　適量

タイカレーといえば、レッド、グリーン、イエローの 3 色が有名。でもいつもそれだけじゃ芸がない。実は、タイ料理にはすぐれた炒めものもたくさんあるんだ。特にフレッシュバジルの新鮮な香りをうまく使った炒めものは絶品。ここではバジルを具のひとつのような感覚で、野菜と一緒に炒めてカレーにする。これで未体験のおいしさが味わえるよ。

作り方

1　カレールウは分量の熱湯で均一に溶いておく。

2　なすはところどころ縦に皮をむき、大きめの乱切りにする。赤ピーマンも同じ大きさの乱切りにする。バジルは茎から葉を摘み、半分にちぎる。牛肉は一口大に切る。

3　フライパンにオリーブオイルを入れて強めの中火で熱し、牛肉をサッと炒め、表面の色が変わったらなすを加えて炒める。油がまわってしんなりしたら赤ピーマンとバジルを加え、さらに炒め合わせる。

4　ナンプラー、ココナッツミルクを加えて混ぜ合わせ、1 のルウを注ぐ。フライパンを揺すりながら全体がなじむまで混ぜ合わせ、器に盛ったごはんにかける。

（調理時間：20 分）

バジルはちぎった断面から香りが広がる。煮込んで香りづけにするのではなく、「野菜」として炒め、食べて風味を味わおう。

ココナッツミルクが加わる分、ルウは少なめの湯で溶いて加える。炒めて作る「炒（チャー）カレー」の中でも、汁けの少ない仕上がりだ。

ジューシーにソテーしたステーキ用の牛肉、マッシュルームの風味、バターのコク、ブランデーのオトナな香り、こしてなめらかになったカレーソース…。これらは全部、ホテルのカレーに欠かせない要素。カレーができたら、美しい盛りつけにも挑戦してみてね。

ブランデー入りでオトナな香り。

ホテルのレストランのステーキカレー

ビーフの家カレー

材料（4人分）

牛ロース肉（ステーキ用）　400g
　塩・こしょう　各少々
にんにく　2片
玉ねぎ　1個
にんじん　1本
長ねぎ　1本
セロリ　1本
ホワイトマッシュルーム　12個
サラダ油　大さじ1
水　4カップ
カレールウ　3皿分
バター　20g
砂糖　小さじ1
ブランデー　小さじ2
ごはん　適量

作り方

1　にんにく、玉ねぎ、にんじん、長ねぎ、セロリはすべてざく切りにする。マッシュルームは縦4等分に切る。牛肉は塩、こしょうをふり、食べやすい大きさに切る。

2　鍋にサラダ油を入れて熱し、にんにく、玉ねぎ、にんじんを強火で炒める。しんなりしたら、長ねぎ、セロリを加えてサッと炒め、水を注ぐ。煮立ったら弱火にし、ふたをして30分煮込む。

3　大きなボウルにざるをのせ、**2**を汁ごとあけて木べらで軽く押しながら野菜の水分を出しきる。汁だけを鍋に戻し入れ、カレールウを溶かす。

4　フライパンにバターを入れて熱し、マッシュルームをサッと炒め、**3**の鍋に加える。砂糖、ブランデーを加え、弱火で5分ほど煮る。

5　その間にフライパンを再び強火で熱し、残ったバターで牛肉を焼く。表面にしっかりと焼き色がついたら、**4**の鍋に混ぜ合わせ、器に盛ったごはんにかける。

（調理時間：50〜55分）

香味野菜をじっくり煮てざるにあけ、カレーのベースに。姿は見えないが野菜のエキスたっぷりの上品な味わいに。

わが家のすき焼きをカレーにアレンジしてみた。すき焼きに油揚げを入れるのが水野家流。もともとはすき焼きの残りを、カレー味にしてみたことがキッカケで生まれたんだ。個性が強すぎないルウを選ぶと、ちゃんと「すき焼きらしさ」を主張するカレーに仕上がるよ。

油揚げ入りがわが家の味！

すき焼きカレー

材料（4人分）

牛肉（すき焼き用）　400g
にら　1束
えのきだけ　1袋
油揚げ　2枚
牛脂（またはサラダ油）　少々
たれ
　├ 酒　1/2カップ
　├ みりん　大さじ2
　└ しょうゆ・砂糖　各小さじ1
水　4カップ
カレールウ　4皿分
みそ（あれば赤だし）　大さじ1
サラダ油　少々
ごはん　適量
卵黄　4個
白いりごま　適量

作り方

1 にらは5cm長さに切り、えのきだけは根元を切り落とす。油揚げはサッと湯通しし、1cm幅に切る。牛肉は食べやすい大きさに切る。

2 鍋を中火〜強火で熱して牛脂を薄くひき、牛肉を加え、ほんのり焼き色がつくまで炒める。たれの材料を加えて煮立て、分量の水とえのきだけを加え、弱火にして10分ほど煮る。

3 火を止めてカレールウを溶かし、油揚げを加え、みそを混ぜ合わせる。再び弱火にかけ、5分ほど煮る。

4 フライパンにサラダ油を入れて強火で熱し、にらを炒める。しんなりしたら3の鍋に加え、ざっと混ぜる。器にごはんを盛り、カレーをかけて卵黄を落とし、白ごまを指でひねって散らす。

（調理時間：25〜30分）

ビーフの家カレー

じっくり煮込んだ牛すじはとろっとろ。そのだしを吸った大根がまたおいしい！

とろけるうまさ！ 冬の牛すじ煮込みカレー

材料（4人分）
牛すじ肉（またはすね肉）　500g
大根　大1/4本
こんにゃく　1枚
長ねぎ　1/5本
水　5カップ
砂糖・しょうゆ　各大さじ1
みそ　大さじ3
カレールウ　4皿分
ごはん　適量

冬はやっぱり、じっくり煮込んだカレーで温まりたいもの。長時間煮込むことでおいしくなる冬野菜の代表格は、ズバリ、大根だ。煮込めば煮込むほどいいだしがスープに溶け出して、そのだしに牛すじのだしが混ざり合う。さらに、それが大根の中に戻ってくる。だから大根は味がしみやすいように、包丁で割るように切り分けるのがコツ。初めてやる作業かもしれないけれど、効果はてきめんだよ。

作り方

1 大根は包丁の刃を差し込んで、パリッと割るようにして一口大にする。こんにゃくはスプーンで一口大にちぎり、サッとゆでて水けをきる。長ねぎは縦に切り目を入れて開き、芯を除いてせん切りにし、水にさらす（白髪ねぎ）。牛肉は熱湯で5分ほどゆで、表面が白くなったらざるに上げて一口大に切る。

2 鍋に分量の水と1の肉を入れて強火にかけ、煮立ったらアクをとって弱火にし、落としぶたをして30分ほどゆでる。ふたをとって大根、こんにゃくを加え、再び煮立ったら、砂糖、しょうゆを加え、みそを溶き入れる。

3 再び落としぶたをし、煮汁がヒタヒタになるまで約1時間30分、弱火で煮込む。

4 肉がやわらかくなったら、火を止めてカレールウを溶かし、再び弱火にかけて、混ぜながらとろみをつける。

5 器にごはんを盛ってカレーをかけ、1の白髪ねぎをのせる。

（調理時間：2時間30分）

大根に差し込んだ刃をひねり上げるようにして割り、一口大の乱切りに。断面が複雑になり、味がよくしみる。

韓国風のつけだれで焼いた牛肉に、半生のにらが好相性。

にらどっさりビーフカレー

材料（4人分）

牛肉（すき焼き用）　400g

つけだれ

おろしにんにく　小さじ2

しょうゆ・コチュジャン　各小さじ2

砂糖　小さじ1

黒ごま（粗ずり）　大さじ1

ごま油　大さじ1

酒　大さじ3

にら　2束

にんじん　小1本

玉ねぎ　1/2個

カレールウ　3皿分

熱湯　2カップ

サラダ油　大さじ1

ごはん　適量

にらのようなクセの強い野菜をカレーに使うときは、それだけで腕が鳴る。薬味気分で少量をサッと加えるだけでも十分香りが立って、いい隠し味になってくれるんだけど、それだけじゃもの足りない。どっさり使ってみよう。こんなに入れていいの？と不安になるくらいの量だけど、大丈夫。牛肉にコチュジャン、ごま油などを合わせて強い味わいを作っておけば、バランスのいいカレーに仕上がるよ。

作り方

1　カレールウは分量の熱湯で均一に溶いておく。

2　にらは2cm長さに切る。にんじん、玉ねぎはみじん切りにする。ボウルにつけだれの材料を混ぜ合わせ、大きめに切った牛肉を加え、しっかりとからませておく。

3　鍋にサラダ油を入れて熱し、玉ねぎ、にんじんを強火で3〜4分炒める。にらの半量と2の肉を加え、肉の色が変わるまで炒める。

4　1のルウを注いで混ぜ合わせ、残りのにらを加え、鍋を揺すりながら熱してとろみをつける。器に盛ったごはんにかける。

（調理時間：25分）

にらは半量を先に炒め、残りの半量はカレールウのあとに加えて、半生のピリッとした風味を生かす。

細ねぎの辛みと和風ソースのバランスが絶妙。

おそば屋さんの**カレーどんぶり**

材料（4人分）

牛肩ロース肉（薄切り）　200g

焼き豆腐　2丁

玉ねぎ　1個

細ねぎ　5本

煮汁

　だし　2カップ

　酒・みりん　各大さじ2

　しょうゆ　大さじ1

　砂糖　小さじ1

カレールウ　3皿分

水溶き片栗粉　適量

（片栗粉と同量の水で溶く）

ごはん　適量

おそば屋さんで出てくるカレーは、ボクたち日本人にとって、やさしくて食べやすい味の極致かもしれないね。なんせ、だしやしょうゆといったなじみの味がオンパレード。さらに玉ねぎの甘みや片栗粉のとろみが加わるからすごい。そんなやさしいカレーソースには、細ねぎのようにシャープな香りを合わせて、バランスをとるのがプロの技。煮すぎると細ねぎも甘くなっちゃうから要注意。

作り方

1　焼き豆腐は食べやすい大きさに切る。玉ねぎは縦半分に切り、繊維に沿って薄切りにする。細ねぎは5cm長さに切る。

2　鍋に煮汁の材料を入れて強火にかけ、玉ねぎを加える。少し透き通ったら牛肉を広げ入れ、煮立ったらアクをとる。焼き豆腐を加えて中火にし、5分ほど煮る。

3　火を止めてカレールウを溶かし、再び弱火にかける。細ねぎを加えて1～2分火を通し、水溶き片栗粉を少しずつ混ぜ合わせてとろみをつける。

4　どんぶりにごはんを盛り、カレーをかける。

（調理時間：20分）

いつも刻まれてしまう細ねぎを、大きく切ってカレーソースへ。火を通しすぎると甘みが出てしまうので、色鮮やかになり、少し香りが立ったらすぐ火を止めること。

フライパンから立ちのぼる、カレーの香りがたまらない！
カレー粉を上手になじませるには、
ざっと刻んだトマトを炒め合わせるのがコツ。

ビンディマサラ

「ビンディ」はインドの言葉でオクラのこと。
くたくたに火を通さず、フレッシュ感を残して。

材料（4人分）
オクラ　20本
玉ねぎ　小1/2個
トマト　1個
香菜（みじん切り）　大さじ5
サラダ油・塩　各少々
カレー粉　小さじ1/2

作り方
1　オクラは縦半分、長さを半分に切る。玉ねぎはみじん切りにし、トマトはざっと刻む。
2　フライパンにサラダ油を入れて中火で熱し、玉ねぎを炒める。しんなりしたらカレー粉をふってよく混ぜ合わせる。
3　トマト、オクラ、塩を加えて混ぜ合わせ、ふたをしてサッと火を通す。オクラが色鮮やかになったら香菜を散らし、全体を混ぜてなじませる。

コーンキーマ

ひき肉はパラパラにほぐさずかたまりを残し、
コーンに負けない存在感を出そう。

材料（4人分）
鶏ひき肉　100g
とうもろこし（ゆでて粒を
　芯からはずす）　1カップ
玉ねぎ　小1/2個
トマト　小1個
サラダ油　大さじ1
おろしにんにく　小さじ1/2
カレー粉　小さじ1
塩　少々

作り方
1　玉ねぎはみじん切りにし、トマトはざっと刻む。
2　フライパンにサラダ油を入れて中火で熱し、玉ねぎを炒める。しんなりしたらにんにくを炒め合わせて香りを立たせ、カレー粉を混ぜ合わせる。
3　トマト、ひき肉を順に加えて炒め、ひき肉に火が通ったら塩で味を調え、とうもろこしを混ぜ合わせる。

レパートリーが倍増

ポークの家カレー

ひと口に「豚肉」といっても、
部位や切り方で味や食感はガラリと変わる。
豚肉の使い分けを楽しみながら、
ポークカレーのバリエーションを
もっともっと広げていこう！

基本のポークカレー

材料（4人分）

| 豚ロース肉（ポークソテー用） 4枚
| 塩・こしょう 各少々

にんにく 1片
赤唐辛子 3本
玉ねぎ 1個
にんじん 1/2本
じゃがいも（男爵） 1個
サラダ油 大さじ2
水 3カップ
カレールウ 4皿分
バター 10g
砂糖 小さじ1
ごはん 適量

家カレー、キホンの「キ」は何といってもポークカレー。ここで、肉を使ったカレーを作るときの超重要なポイントを2つ、教えちゃおう。ひとつはちょうどいいやわらかさにすること。もうひとつは、肉を食べたときに、肉の味がちゃんとすること。だから、ボクは豚肉は煮込まない！ ソテーして混ぜたら完成。意外な作り方だけど、驚きのおいしさを体験できるよ。

作り方

1 にんにくは横に薄切りにして芯を除き、赤唐辛子はヘタを切って種を抜く。玉ねぎは縦半分に切り、薄切りにする。にんじんは1cm厚さの半月形に切る。じゃがいもは8等分に切る。豚肉はところどころすじ切りし、塩、こしょうをふる。

2 鍋にサラダ油と赤唐辛子を入れて弱火で熱し、にんにくを加え、香りが立つまで炒める。玉ねぎを加え、中火〜強火で10分ほど炒める。

3 玉ねぎがきつね色になったら赤唐辛子を取り出してミキサーに移し、にんじんと水を加え、かくはんしてペースト状にする。

4 3のペーストと赤唐辛子を鍋に戻し入れ、じゃがいもを加え、ふたをして弱火で20分ほど煮込む。火を止めてカレールウ、バター、砂糖を混ぜ合わせる。再び弱火にかけ、約3分煮る。

5 その間にフライパンを強火で熱し、中火にして豚肉を入れる。片面にこんがりとした焼き色がついたら裏返し、ふたをしてさらに1分焼く。一口大に切り、4の鍋に混ぜ合わせる。器にごはんを盛り、カレーをかける。

（調理時間：45〜50分）

豚肉は長時間煮込むより、別に焼いて仕上がりに混ぜたほうが、肉汁のうまみと適度な歯ごたえが味わえる。焼き加減はジューシーな「ミディアム」が理想的。

まろやかでさっぱり。アーモンドとパセリのなせる技。

とんかつ屋さんの ザ・カツカレー

材料（4人分）
玉ねぎ　1個
ブラウンマッシュルーム　7〜8個
にんにく（みじん切り）　1片分
サラダ油　大さじ1
ホールトマト（水煮）　1缶（400g）
アーモンドプードル　大さじ2
パセリ（みじん切り）　大さじ1
チキンブイヨン　3カップ
（固形や顆粒のブイヨンを湯3カップで溶く）
カレールウ　3皿分
塩　少々
とんかつ（買ってきたものでもOK）
　豚ロース肉（とんかつ用）　4枚
　塩・こしょう　各少々
　溶き卵　適量
　（卵1個に水少々を加えて溶いたもの）
　小麦粉・パン粉・揚げ油　各適量
キャベツ（せん切り）　5〜6枚分
ごはん・福神漬け　各適量

[香りUP！：アーモンドプードル＆パセリ]

カツカレーは誰もが好きな人気メニュー。でもサクッと揚がったとんかつにばっかり注目が集まってしまうから、カレーソースがないがしろ。これは残念。カツに負けない風味豊かなソースを作るために、アーモンドとパセリをチョイスした。アーモンドのコクのある香りとパセリのすっきりした香りが、ダブルでカレーソースを底上げしてくれる。カツカレーの定番はこれで決まり！

コク出しのアーモンドプードル、青々とした香りのパセリを野菜とともにペースト状に。これがカレーソースのベースとなる。

作り方
1 玉ねぎは乱切り、マッシュルームは薄切りにする。フライパンにサラダ油を入れて中火で熱し、にんにくとこれらの野菜をしんなりするまで炒める。
2 1の野菜、ホールトマト、アーモンドプードル、パセリをミキサーに合わせ、ペースト状にする。
3 鍋にチキンブイヨンを入れて中火にかけ、煮立ったら2のペーストを加え、混ぜながら5分ほど煮る。火を止めてカレールウを溶かし、再び弱火にかけて全体がなじむまで煮る。味が足りなければ、塩少々で調える。
4 豚肉はすじをところどころ切って塩、こしょうをふり、全体に小麦粉をはたいて溶き卵をつけ、パン粉をつける。
5 揚げ油を170度に熱して4の豚肉を揚げ、油をきって食べやすく切る。器にごはんを盛って、せん切りキャベツととんかつをのせ、3のカレーを温めてかける。好みで福神漬けを添えて。

（調理時間：40分）

しょうがの偉大さを実感できる一品。

ポークジンジャー炒カレー

材料（2人分）
豚バラ肉（薄切り）200g
しょうが　2かけ
ピーマン　5個
りんご　1/2個
| **カレールウ　2皿分**
| 熱湯　1と1/4カップ
しょうゆ　小さじ2
サラダ油　大さじ1と1/2
ごはん　適量

このカレーは、とにかくしょうが決め手なんだ。じっくり中火で慎重に、決して焦がさないように火を通すこと。やさしくていねいに。いい香りが立つまで、ボクは4分ほどかけるかな。これさえきちんとしておけば、あとはシャシャッと。ピーマンの歯ごたえが主張する仕上がりを目指そう。

作り方

1　カレールウは分量の熱湯で均一に溶いておく。

2　しょうがはせん切りし、ピーマンは大きめの乱切りにする。りんごはすりおろす。豚肉は食べやすい大きさに切る。

3　フライパンにサラダ油としょうがを入れて中火にかけ、菜箸で軽く混ぜながら焦がさないように火を通す。香りが立ってきたら、豚肉を炒めて強火にし、ピーマンを加え、色が鮮やかになるまで軽く炒める。2のりんごとしょうゆを加え、強火のまま混ぜ合わせる。

4　しょうゆの香ばしさが立ったら1のルウを注ぎ、弱火で3分ほど煮る。器にごはんを盛り、カレーをかける。

（調理時間：15分）

フライパンを傾けて油を集め、しょうがをジワジワ揚げるような要領で香りを引き出す。焦がさないよう、集中して。

うまさUP！
おろしりんご
・しょうゆ

このコンビは、焼き肉のたれに近いイメージ。おろしりんごは、甘みとサラサラした食感をプラス。しょうゆの風味はポークジンジャーには欠かせない。

かぼちゃのホクホク感と甘みを、黒こしょうがキリッと締める。

甘辛かぼちゃポークカレー

材料（4人分）

豚肩ロース肉（薄切り）　300g

かぼちゃ　1/6 個

玉ねぎ　1/2 個

にんじん　1/2 本

にんにく（みじん切り）　1片分

しょうが（みじん切り）　1かけ分

サラダ油　大さじ1

水　2と1/2カップ

カレールウ　4皿分

ごはん　適量

黒こしょう（粗びき）　適量

ふだんみんなが作っているオーソドックスなカレーでも、使う野菜をちょっと変えるだけで新鮮な味わいを楽しめるようになる。それを証明してくれるのがこのレシピ。じゃがいものかわりに、ホクホク感と甘みがピカイチなかぼちゃを使うんだ。かぼちゃは弱火で長時間煮込むことで、独特の甘みが生まれてくる。煮くずれちゃってもいい！　というくらいラクな気持ちで作ってみて。最後に黒こしょうのピリ辛で、味を引き締めることを忘れずに。

作り方

1 かぼちゃは種とワタをとり、ところどころ皮をむいて大きめの乱切りにする。玉ねぎは縦に1cm幅に切り、にんじんは小さめの乱切りにする。豚肉は食べやすい大きさに切る。

2 鍋にサラダ油、にんにく、しょうがを入れて中火で炒め、香りが立ったら玉ねぎ、豚肉を順に加えて炒める。肉に焼き色がついたら、にんじんを炒め合わせる。

3 分量の水を注ぎ、かぼちゃを加え、弱火にして約20分、かぼちゃに火が通るまでじっくりと煮る。火を止めてカレールウを溶かし、再び弱火にかけて混ぜながらとろみをつける。

4 器にごはんを盛ってカレーをかけ、黒こしょうをたっぷりとふる。

（調理時間：45分）

かぼちゃを入れたら煮立てず、弱火でじっくり加熱しながら甘みを引き出す。

豚肉としっかり向き合って

一晩漬け込むポークカレー

材料（4人分）

豚バラ肉（ブロック）　500g
マリネ液
　焼酎　1/2カップ
　砂糖　大さじ3
　しょうゆ　大さじ2
　おろしにんにく　大さじ1
　おろししょうが　大さじ1
玉ねぎ　1/2個
にんじん　1/3本
セロリ　1/4本
サラダ油　大さじ1
水　4カップ
カレールウ　3皿分
りんご　1/2個
バター　20g
ごはん　適量

作り方

1　豚肉は大きめの角切りにする。ファスナーつきの保存袋にマリネ液の材料を入れてよく混ぜ、豚肉を加え、冷蔵庫で一晩漬け込んでおく。

2　玉ねぎ、にんじん、セロリはすりおろし、ボウルに合わせる。

3　鍋にサラダ油を入れて中火～強火で熱し、1の豚肉の汁けをきって並べ入れ、表面にしっかり焼き色がつくまで焼く。残ったマリネ液を加え、煮立ったら2のすりおろし野菜を加え、混ぜながら水分をとばす。

4　水を注ぎ、煮立ったらアクをとり、ふたをして弱火で1時間30分煮込む。火を止め、カレールウを溶かす。

5　りんごは薄切りにする。フライパンにバターを入れて弱火で熱し、りんごをじっくりと炒める。4の鍋に加えてざっと混ぜ、再び弱火で温め、器に盛ったごはんにかける。

（調理時間：2時間）

＊漬け込む時間は除く。

豚肉は一晩マリネしておくと、下味がしっかりつき、やわらかくなる。焼酎は、原料がいものものは香りが強いので、米焼酎や麦焼酎がおすすめ。

たまには腰を据えて、豚肉とじっくり向き合ってみよう。じっくり焼酎に漬け込んで、じっくり表面を焼いて、じっくりコトコト煮込む。ここまでやれば豚肉は必ず期待に応えてくれるはず（笑）。トロトロなのに肉の味がしっかり残ったポークカレーの完成だ。

豚肉の脂と黒ごまのコクが混然一体。

何度も作りたくなる絶品ポークカレー

[香り UP！：黒ごま]

材料（4人分）

豚バラ肉（ブロック）　500g
キャベツ　5〜6枚（約300g）
にんにく（みじん切り）　1片分
黒ごま　大さじ3
レモン汁　1/2個分
水　4カップ
みりん　大さじ1
カレールウ　4皿分
ごはん　適量

作り方

1　キャベツは4等分に切る。豚肉は2cm幅に切る。黒ごまはすり鉢で半ずりにする。

2　鍋を油をひかずに中火で熱し、豚肉を並べ入れて、全体に焼き色がつくまで炒める。豚肉から十分に脂が出たら、にんにく、キャベツを順に加え、脂をからめるようにして炒め合わせる。

3　1の黒ごまを加えて混ぜ合わせ、レモン汁を加え、分量の水を注いで煮立てる。みりんを加えてふたをし、弱めの中火で約1時間煮込む。

4　火を止めてカレールウを溶かし、再び弱火で1〜2分煮て全体をなじませる。器にごはんを盛り、カレーをかける。

（調理時間：1時間20分）

ブラックカレーと呼びたいほどインパクトが強烈なこのカレーは、ソースの黒さがおいしさの秘密。黒ごまがたっぷり入っているんだ。豚バラ肉のカレーはしつこい味になりがち。そこで、黒ごまの風味をアクセントに使うんだ。全体のバランスがとれるし、複雑な風味が濃厚なうまみをよりいっそう引き立てる。カレーにごまって意外な組み合わせだけど、作れば納得の一品だよ。

肉と野菜を炒めたところに、黒ごまをたっぷりと！　香りと油分を引き出すため、半ずりにしてから加えよう。

豚肉は全面にこんがりした焼き色がつくまで焼く（この時点では、中まで火が通らなくてもOK）。焼く間に出てくる脂で野菜を炒めると、コクのある仕上がりになる。

ポークの家カレー

それぞれの野菜がいちばんおいしく、美しく見える調理法で合わせた自信作。

彩り鮮やか！ 夏のポークカレー

材料（4人分）

豚もも肉（シチュー用）　400g
玉ねぎ　大1個
トマト　1個
ピーマン　5個
なす　4個
サラダ油　大さじ1
おろしにんにく　小さじ1
おろししょうが　小さじ1
水　4カップ
カレールウ　4皿分
しょうゆ　少々
揚げ油　適量
ごはん　適量
香菜（みじん切り）　適宜

夏を代表する野菜が勢ぞろい。主役級の野菜たちだから持ち味をちゃんと生かしたい。だから調理を最小限に抑えるのがポイントなんだ。サッと素揚げしたなすは、適度に油を吸ってジューシーに、ピーマンは長時間煮込まないことでキリッとした風味を残し、最後に加えるトマトの酸味でカレー全体を引き締める。夏野菜を引き立てたいから肉は小さめに。

作り方

1 玉ねぎは小さめの乱切り、トマトとピーマンは大きめの乱切り、なすは2cm厚さの輪切りにする。豚肉は1.5cm角に切る。

2 鍋にサラダ油を熱して玉ねぎを中火で炒め、透き通ってきたら、にんにく、しょうがを炒め合わせる。香りが出たら豚肉を加え、焼き色がつくまでよく炒める。

3 分量の水を注ぎ、煮立ったらふたをして弱火で10分ほど煮る。その間に揚げ油を170度に熱し、なすを色よく揚げる。

4 鍋の火を止めてふたをとり、カレールウを溶かす。ピーマンを加えて再び弱火にかけ、しょうゆを加え、とろみがつくまで煮る。トマトと**3**のなすを加え、強火にしてサッと混ぜる。

5 器にごはんを盛ってカレーをかけ、あれば香菜を散らす。

（調理時間：30分）

玉ねぎ以外の野菜はルウを溶いたあとに加え、フレッシュ感を生かす。なすは色よく素揚げにして。

インドの青菜カレー「サグ」を昆布だしと日本酒であっさり、和風に。

サグポークカレー

ほうれんそうをたっぷり使うカレーは、インド料理レストランではおなじみのメニューのひとつだ。ゆがいたほうれんそうは、どんなカレーとも相性がいい。だから昆布だしを使って、どことなく和を感じさせるポークカレーと合わせてみた。ここで肝心なのがほうれんそうの切り方。インドではミキサーでペーストにすることが多いけれど、あえて、包丁でみじん切り。そのほうが、ほうれんそうの食感と風味が適度にカレーに残るから、「ほうれんそうを食べてるなぁ」と実感できる味わいになるんだ。

材料（4人分）

豚肩ロース肉（ブロック）　600g

ほうれんそう　2束

サラダ油　大さじ1

酒　1と1/2カップ

昆布だし　2と1/2カップ

カレールウ　4皿分

塩　少々

ごはん　適量

作り方

1　ほうれんそうはサッと塩ゆでして洗い、水けを絞ってなるべく細かく刻む。豚肉は8～12等分に切る。

2　鍋にサラダ油を入れて強火で熱し、豚肉を並べ入れ、表面が焦げる直前まで、しっかりと焼き色をつける。

3　火を止めてキッチンペーパーで脂を除き、酒を注ぎ、再び強火にかけてアルコール分をとばす。昆布だしを加えて弱火にし、ふたをして1時間ほど煮込む。

4　火を止めてカレールウを溶かし、再び弱火にかけて混ぜながら温める。とろみがついたら、1のほうれんそうを加えてサッと混ぜ、器に盛ったごはんにカレーをかける。

（調理時間：1時間30分）

豚肉を焼いたときに出てきた脂をしっかりふきとる。それから酒を加え、脂っぽさや肉の臭みを除く。

ほうれんそうは下ゆでしてアクを除き、カレールウのあとに加えて色鮮やかに仕上げる。

辛い！　けれどあとを引く。香るマサラの魔力。

インド料理屋さんの
ポークビンダルーカレー

材料（4人分）

豚スペアリブ　500g

玉ねぎ　1個

にんにく（みじん切り）　2片分

しょうが（みじん切り）　1かけ分

赤唐辛子　4本

トマト　1個

芽キャベツ　10個

サラダ油　大さじ1

ガラムマサラ　小さじ2

水　3と1/2カップ

砂糖　小さじ1

酢　大さじ1

カレールウ　3皿分

ごはん　適量

ポルトガルの影響を色濃く受ける、インド・ゴア州の有名なカレーがポークビンダルー。特徴は辛くて酸っぱくて、複雑な風味があること。辛いのは唐辛子、酸っぱいのはお酢にそれぞれまかせるとしよう。で、複雑な風味をガラムマサラで演出。たったひとふりで、まるでインド料理屋さんで食べているような、本格的な仕上がりになるよ。

作り方

1　玉ねぎは縦半分に切り、繊維に沿って薄切りにする。赤唐辛子はヘタを切って種を抜く。トマトは小さめの一口大に、芽キャベツは縦半分に切る。

2　鍋にサラダ油を入れて強めの中火で熱し、スペアリブを炒める。全体に焼き色がついたら、玉ねぎ、にんにく、しょうが、赤唐辛子を加え、玉ねぎがしんなりするまで炒める。

3　ガラムマサラをふって混ぜ合わせ、トマトを加え、形がくずれるまで炒め合わせる。分量の水を注ぎ、煮立ったら砂糖と酢を加えてふたをし、弱めの中火で40分煮込む。

4　芽キャベツを加え、さらに5分ほど煮て火を止め、カレールウを溶かす。再び弱火にかけ、2〜3分煮て全体をなじませ、器に盛ったごはんにかける。

（調理時間：1時間10分）

炒めた香味野菜にガラムマサラの複雑な風味をからめる。さらに砂糖でコクを、酢で酸味を出すことで、本格ポークビンダルーの深い味わいに迫る！

南インドのポークビンダルーは、酸味の効いた個性的な味。ひとさじの酢で、「酸っぱいカレーはおいしい」ってことを実感してほしい。

ポークの家カレー

典型的なおふくろカレーを作ってみよう。母が作ってくれた家カレーライスは昔ながらのルウカレーだけど、トマトを使うところと、つけ合わせのらっきょうを煮込んじゃうところがポイントなんだ。

らっきょうも煮込む！ 水野家の母オリジナル。

おふくろカレー

ポークの家カレー

材料（4人分）
豚肉（シチュー用）　300g
にんにく　1片
玉ねぎ　1個
にんじん　1/2本
トマト　1個
じゃがいも　2個
らっきょう　6粒
サラダ油　大さじ4
水　4カップ
カレールウ　4皿分
ごはん　適量
福神漬け　適量

作り方

1　にんにくは縦半分に切り、包丁の腹でたたきつぶす。玉ねぎは一口大の乱切りにする。にんじんは皮をむかずに、トマトは種を除いて、同様に乱切りにする。じゃがいもは3cm角、らっきょうは縦半分に切る。

2　鍋にサラダ油を入れて中火で熱し、にんにくを炒める。香りが立ったら豚肉、玉ねぎ、にんじんを加え、表面が色づくまで炒め、トマトとらっきょうを混ぜ合わせる。

3　分量の水を注ぎ、煮立ったらアクをとり、ふたをして弱火で20分ほど煮込む。じゃがいもを加え、やわらかくなるまで煮る。

4　火を止めてカレールウを溶かし、再び弱火にかけ、混ぜながらとろみをつける。器にごはんを盛ってカレーをかけ、福神漬けを添える。

（調理時間：40〜45分）

根菜のカレーってのは、しみじみうまいもんだよね。なかでもボクのイチ押しは、ごぼう。ごぼうのちょっとクセのある風味は、カレーの隠し味に効果抜群なんだ。だからごぼうを煮込んだカレーはうまい。ただ、その風味を頂戴するだけじゃごぼうに申し訳ない。煮汁のうまみをごぼうに含ませてあげることで、お互いのよさを引き出し合うカレーにしたいんだ。だから、ごぼうはたたき割るのがいい。どことなく和風の食べやすいカレーを召し上がれ。

「今夜は豚汁？」と思いきや…カレー×ごぼうの取り合わせも新鮮。

豚肉とたたきごぼうのカレー

材料（4人分）
豚バラ肉（ブロック）　200g
ごぼう　3本
にんじん　小1本
ごま油　大さじ1
酒　大さじ3
水　2と1/2カップ
顆粒だしの素　小さじ1
みそ　小さじ1
みりん　大さじ1
カレールウ　4皿分
ごはん　適量
細ねぎ（2cm長さ）　適量

作り方

1 ごぼうは包丁の背で皮をこそげて洗い、めん棒でたたき割り、食べやすい大きさに折る。にんじんは包丁の刃を入れてひねり上げ、パリッと割って一口大の乱切りにする（P27参照）。豚肉は外側の脂身を除いて7～8mm厚さに切る。

2 鍋にたっぷり湯（分量外）を沸かし、豚肉をサッとゆで、表面が白くなったらざるに上げる。

3 あいた鍋を中火にかけてごま油を熱し、にんじん、ごぼう、2の豚肉を順に入れて炒める。肉に焼き色がついたら酒をふって煮立て、分量の水とだしの素を加え、煮立ったら弱火にし、ふたをして10分ほど煮る。

4 みそを溶き、みりんを加え、ふたをせずに10分ほど煮る。火を止めてカレールウを溶かし、再び弱火にかけ、混ぜながらとろみをつける。

5 器にごはんを盛ってカレーをかけ、細ねぎを散らす。

（調理時間：45分）

ごぼうは包丁で切らずにたたき割る。こうして断面を複雑にすると、味がよくしみる。

「辛い。でもうまい」と言いながらつつく鍋は楽しい！

辛口ポークカレー鍋

もうすっかりおなじみになったカレー鍋。食べ進めるうちにだんだん素材のうまみがだしに出ておいしくなっていくのは、普通の鍋と同じ。でもせっかくなら、最初っからおいしいだしで楽しみたい。だからいきなり豚肉を炒めて、その甘みのある脂に唐辛子と長ねぎのとんがった風味を合わせていくんだ。重層的なだしのうまみが、カレー鍋をレベルアップしてくれるはず。

[香り UP！：赤唐辛子＆長ねぎ]

材料（4人分）
豚バラ肉（薄切り）　300g
長ねぎ　3本
ほうれんそう　1/2束
赤唐辛子　7〜8本
ごま油　大さじ2
酒　1カップ
水　3カップ
大根おろし　1カップ
しょうゆ　大さじ2
カレールウ　2皿分

作り方
1　長ねぎは大きく斜め切りにし、ほうれんそうは長さを3等分に切る。赤唐辛子はヘタを切って種を除く。
2　鍋にごま油を入れて強めの中火で熱し、豚肉を広げ入れ、完全に火が通るまで炒めて取り出す。あいた鍋に長ねぎの2/3量と赤唐辛子を加え、豚肉の脂をからませるように炒め合わせる。
3　酒を加え、少し煮立ててアルコール分を軽くとばし、分量の水を注ぐ。大根おろし、しょうゆを加え、再び煮立ったら弱火にして10分ほど煮る。
4　火を止めてカレールウを溶かし、再び弱火にかけて混ぜ合わせる。ほうれんそう、残りの長ねぎ、2の豚肉を加えてサッと火を通す。

（調理時間：30分）

赤唐辛子は油とともに加熱することで辛みと香りが引き出され、パワーを発揮。長ねぎはツンとした辛みが消え、甘くとろける味わいに。

大根おろしを加えるとじんわり甘みが出て、「ただ辛い」だけではない、うまみたっぷりの鍋に。土鍋に移すならこのタイミングで。

煮物といえば和風でしょ、なんて思い込みは捨てて
甘じょっぱい味つけにカレー粉をプラス！
ごはんが進むのは言わずもがな。

れんこんのカレー炒め煮

れんこんのきんぴらも、大きく切ってカレー粉をプラス
すれば、いつもと違ったおいしさに。

材料（4人分）

れんこん	1節
酢・水	各適量

A	みりん	大さじ2
	しょうゆ	大さじ1
	カレー粉	小さじ2
	砂糖	小さじ1

ごま油	大さじ2
七味唐辛子	小さじ1

作り方

1 れんこんは皮をむいて縦半分に切り、一口大の乱切りにする。切ったそばから酢水に放してアク抜きをする。Aはボウルに合わせておく。

2 フライパンにごま油を入れて中火で熱し、水けをきったれんこんを炒める。好みの加減に火が通ったら、七味唐辛子をふり、Aを加え、汁けがとぶまで炒め合わせる。

豚肉のカレー角煮

焼いて、蒸して、煮る。この手間と時間が、
箸で切れるやわらかさを生み出す。ゆで卵は必須！

材料（4人分）

豚バラ肉（ブロック）	1kg
ゆで卵	4個

A	酒	1カップ
	砂糖	大さじ3
	カレー粉	大さじ1

しょうゆ	1/3カップ
砂糖	大さじ2

作り方

1 フライパンを強火で熱し、豚肉を脂身を下にして入れる。ひとつの面がこんがりしたら転がし、全面に焼き色をつける。

2 1の肉をバットか皿に移し、蒸気の上がった蒸し器で強火で1時間蒸し、脂やアクを落とす。粗熱をとり、5〜6cm角に切る。

3 鍋にAと2の肉、殻をむいたゆで卵を入れて強火で煮立て、弱火にして30分煮込む。しょうゆと砂糖を少しずつ加え、煮汁をすくってかけながら、さらに1時間半ほど煮込む。

作るほどに腕が上がる

チキンの家カレー

鶏肉を制するものはカレーを制す⁉
デイリーなカレーも本格インドカレーも、
手軽に作れて失敗知らず。
骨つき肉を煮込んだおもてなしカレーは
笑顔を呼ぶこと間違いなし。

Chicken

しっかり焼いて香ばしく。

基本のチキンカレー

材料（4人分）
鶏もも肉　400g
にんにく　1片
玉ねぎ　1と1/2個
トマト　1個
サラダ油　大さじ2
水　3カップ
はちみつ　大さじ1
カレールウ　3.5皿分
ごはん　適量

しっかり焼き色をつけて煮込んだ鶏肉って何でこんなにうまいんだろ。しかも、ほかの肉に比べればデリケートな調理も必要としないから、使いやすい。おまけに玉ねぎの甘みやトマトの酸味との相性は抜群。鶏肉、玉ねぎ、トマトはカレーのゴールデントライアングルだ。覚えておこう。

作り方

1　にんにくは縦半分に切って芯をとり、包丁の腹でたたきつぶす。玉ねぎは縦半分に切り、繊維と直角に薄切りにする。トマトは8等分のくし形に切り、種を除く。鶏肉は一口大に切る。

2　鍋にサラダ油とにんにくを入れ、中火にかける。香りが十分立ったら、鶏肉を皮目を下にして加え、全体にしっかり焼き色がつくまで炒める。

3　鶏肉をいったん取り出し、あいた鍋に玉ねぎを入れ、中火～強火で15分ほど炒める。きつね色になったらトマトの半量を加え、さらに5分ほど炒める。

4　分量の水を注ぎ、煮立ったらはちみつを加え、弱火にして10分ほど煮る。火を止めてカレールウを溶かし、3の鶏肉を戻し入れる。

5　再び弱火で5分ほど煮て、残りのトマトを混ぜ合わせる。器にごはんを盛り、カレーをかける。

（調理時間：50～55分）

鶏肉は最初にしっかり焼きつけておくと、皮や脂身が香ばしくなり、臭みのないおいしさに。皮目をこんがり焼いてから裏返すこと。

甘くさわやかなバジルオイルがスープの底力に。

スープカレー屋さんの
チキンと野菜のスープカレー

[香り UP！：乾燥バジル]

材料（4人分）

| 骨つき鶏もも肉　大4本
| 塩・こしょう　各少々
にんじん　2本
ピーマン　2個
なす　2個
しめじ　1パック
サラダ油　大さじ2
乾燥バジル　大さじ1
チキンブイヨン　5カップ
（固形や顆粒のブイヨンを湯5カップで溶く）
揚げ油　適量
しょうゆ　小さじ1
カレールウ　3皿分
ごはん　適量

スープカレーはスープが命。スープは煮込んだら煮込んだだけおいしさが増す。肝心なのは何を煮込むのか。バジルの香り油と一緒に煮込んでみて。ラーメンに浮かんでる焦がしねぎのようなイメージで、最初にじっくりバジルを炒めちゃうんだ。そうすると、あのやわらかい香りと香ばしさがジワジワと効いてくる。スープカレーはスープで差をつけよう！

乾燥バジルをジワジワ熱すると、凝縮した甘い香りが油に移り、ワンランク上のスープに。

作り方

1 鶏肉は塩、こしょうをふって下味をつける。にんじん、ピーマンは縦半分に切る。なすも縦半分にして、皮目に格子の切り込みを入れる。しめじは4等分に分ける。

2 鍋にサラダ油を入れて中火にかけ、乾燥バジルを加え、香りが立つまで熱する。鶏肉を皮目を下にして加え、こんがりとしたら上下を返して炒め、全体に焼き色をつける。

3 チキンブイヨンを注ぎ、煮立ったらにんじんを加え、ふたをして弱めの中火で30分ほど煮込む。

4 その間に、別の鍋で揚げ油を150度に熱し、なすをじっくりと揚げる。色鮮やかになったら取り出し、温度を160〜170度に上げて、ピーマン、しめじをサッと揚げる。

5 3の火を止めて鶏肉とにんじんを取り出し、器に盛る。残ったスープにしょうゆを加え、カレールウを溶かし、再び弱火にかけて2〜3分温める。

6 5の器にカレーを注ぎ、4の野菜を盛りつける。ごはんは別皿に。

（調理時間：1時間）

具は取り出すか、別に調理して最後にドッキング。通常より多めのスープに少なめのルウを溶く。これがスープカレーの特徴。

青唐辛子の鼻に抜ける刺激が、濃厚ソースを引き締める。

インドカレー屋さんのバターチキンカレー

日本で大人気のインド料理といえば、誰が何と言おうとバターチキンに尽きる！ バターに生クリームだもん、絶対うまいに決まってる。ここはインドの正しいバターチキンに倣って、青唐辛子を投入しよう。コクのかたまりのようなこのカレーを、キリリと引き締める鮮烈な刺激。カレールウでもこんな味が作れちゃうんだよ。

材料（4 人分）

鶏もも肉　500g
塩・こしょう　各少々

マリネ液
　プレーンヨーグルト　100g
　おろしにんにく　小さじ 1
　おろししょうが　小さじ 1
　トマトケチャップ　大さじ 1
　酢　大さじ 1
トマト　3 個
青唐辛子　2 本
カレールウ　3 皿分
　熱湯　1 カップ
バター　30g
生クリーム　1/2 カップ
ごはん　適量

肉が焼けたところで青唐辛子を炒め合わせれば、乳製品たっぷりの濃厚ソースにパンチが加わる。辛みが苦手なら甘長唐辛子を使って。

作り方

1　カレールウは分量の熱湯で均一に溶いておく。
2　鶏肉は皮をとり、大きめの一口大に切って塩、こしょうをふる。ボウルにマリネ液の材料を混ぜ合わせ、鶏肉を加えてよく混ぜ、30 分以上（できれば 2 時間ほど）漬けておく。
3　トマトは 8 〜 12 等分のくし形に切る。青唐辛子は縦半分に切って種を除き、みじん切りにする。
4　フライパンにバターを入れて中火で溶かし、2 の鶏肉をマリネ液ごと加え、強火で 10 分ほど炒める。表面に焼き色がついたら、青唐辛子を加えて炒め合わせ、トマトを加えてさらに炒める。
5　1 のルウを注ぎ、フライパンを揺すりながら 2 〜 3 分火を通してとろみをつける。生クリームを加えて混ぜ合わせ、器に盛ったごはんにカレーをかける。
［調理時間：1 時間］

ヨーグルトソースに鶏肉を漬け込んで焼くのは、インド料理ではポピュラーな手法。肉がしっとり、さっぱりする。

ひたすら煮込んだ新玉ねぎの甘みを、レモンの酸味でキュッと引き締めよう。

骨つきチキンの甘口カレー

材料（4人分）

鶏手羽元　12本

新玉ねぎ（または玉ねぎ）　2個

おろしにんにく　小さじ1/2

おろししょうが　小さじ1/2

ピーナッツ（粗く砕く）　大さじ1

サラダ油　大さじ2

水　2と1/2カップ

カレールウ　4皿分

ごはん　適量

レモン（輪切り）　適量

黒こしょう（粗びき）　小さじ1

あめ色に炒めた新玉ねぎの甘みをベースにした、クセになるチキンカレー。「あれ？　新玉ねぎって水分が多いから、炒めるのに不向きなんじゃないの？」って声が聞こえてきそう。でも、これが意外といいんだよね。水分をとばす要領で炒めていくと、炒まり具合の目安がわかりやすいし、焦げつきの心配も少ない。そのかわり、強火でキッチリ炒めることが大切。甘みとうまみが増強されたチキンカレーに仕上がるよ。

作り方

1 新玉ねぎは粗みじん切りにする。

2 鍋にサラダ油を入れて強火にかけ、新玉ねぎを炒める。焼き色がついたら混ぜる、を繰り返して水分をとばしながら10〜15分、あめ色になるまで炒める。

3 にんにく、しょうが、ピーナッツを炒め合わせ、鶏肉を加え、さらによく炒める。肉に焼き色がついたら分量の水を注ぎ、煮立ったら弱火にし、ふたをして30分ほど煮込む。

4 火を止めてカレールウを溶かし、再び弱火にかけて混ぜながらとろみをつける。

5 器にごはんを盛ってカレーをかけ、レモンを添えて、黒こしょうを散らす。食べる直前に、レモンをキュッと搾って。

（調理時間：1時間）

新玉ねぎは水分が多く、焦げにくいのがうれしいところ。強火で焼き色をつけていけば、短時間であめ色になる。

しょうがの風味がエキゾチックで上品。

エスニックレストランの
蒸し鶏のジンジャーカレー

［香り UP！：しょうが］

材料（4人分）
- 鶏手羽先　12本
- 塩・こしょう　各適量
- 長ねぎ　1本
- しょうが　50g
- ごま油　大さじ1
- 水　3カップ
- 酒　1/2カップ
- ナンプラー　小さじ2
- **カレールウ　4皿分**
- ごはん　適量

作り方

1　鶏肉は塩、こしょうをふって下味をつける。長ねぎは青い部分と白い部分に切り分け、白い部分は大きく斜め切りにする。しょうがは皮ごと6〜7mm厚さの大きな斜め切りにする。

2　大鍋にごま油を入れて中火で熱し、鶏肉を加え、皮目にしっかり焼き色がつくまで炒める。分量の水を注いで煮立て、長ねぎ、酒、しょうがを加え、ふたをして弱めの中火で30分ほど蒸し煮する。

3　肉に火が通ったら取り出し、残ったスープはざるでこして野菜を除き、鍋に戻し入れる。ナンプラーを加え、カレールウを溶かし、再び弱火にかけて2〜3分温める。

4　器にごはんを盛って3の鶏肉をのせ、カレーをかける。

（調理時間：1時間）

骨つきの鶏肉はしょうがと一緒に煮込むのがいい。鶏肉の骨から出るうまみとしょうがの香りとの相性は抜群だ。煮込み終わってふたを開けたときに、ふわっと立ち上る香りはたまらない。これだけでどことなくエスニック感が漂うんだ。しょうがは直接食べるわけじゃないから、大胆にたっぷり使っちゃおう。

しょうがは皮の内側に強い風味があるので、洗って皮ごと大きくスライス。蒸し煮する鍋にドンと加えて肉の臭みを消しつつ、香りを移す。

火が通った鶏肉は鍋から取り出し、残ったスープにルウを加える。しょうがのエキスがしみ込んだ鶏肉のうまさを、そのまま味わうためのひと手間だ。

青くフレッシュなししとうの香り、再発見！

何度も作りたくなる**絶品チキンカレー**

[香り UP！：ししとう]

材料（4人分）
鶏もも肉　400g
玉ねぎ　小1個
ししとう　15本
にんにく（みじん切り）　2片分
ドライトマト（オイル漬け）　60g
｜カレールウ　4皿分
｜熱湯　2と1/2カップ
ごはん　適量

インド人はカレーを作るときに青唐辛子をよく使う。唐辛子と聞くといかにも辛そうだけど、ただ辛くしたいだけじゃない。玉ねぎと一緒に炒めることで、カレー全体の風味が引き立つことをよく知ってるんだよね。ボクらは、辛さはほどほどで似たような風味を持つししとうを使おう。一緒に炒めるだけで「エヘン！」と威張れる本格的な味に仕上がるよ。

作り方
1　カレールウは分量の熱湯で均一に溶いておく。
2　玉ねぎは 12 〜 16 等分のくし形に切り、バラバラにほぐす。ししとうは縦半分に切って種を除き、斜め切りにする。ドライトマトは 2 cm 角、鶏肉は大きめの一口大に切る。
3　フライパンを油をひかずに強火で熱し、鶏肉の皮目を下にして焼く。カリッとしたら上下を返し、全体に焼き色がつくまで炒める。
4　鶏肉から十分に脂が出たら、にんにくとドライトマト（油ごと）を加えて炒め合わせる。玉ねぎ、ししとうを順に加え、そのつどサッと炒める。
5　1のルウを注ぎ、弱火にして 2 〜 3 分、ときどきフライパンを揺すりながら煮る。器にごはんを盛り、カレーをかける。

（調理時間：20 分）

ししとうは本来、唐辛子の仲間。材料を炒めるときに刻んで加えると、青唐辛子にも似たフレッシュな香りが立つ。

肉や野菜を炒めたところに、あらかじめ溶いておいたルウを加える。これは、煮込まず炒めて作るカレー「炒カレー」のスタイルだ。

チキンの家カレー

クミンの香りが、わが家のカレーを正統派インド料理に。

チキンレッグの煮込みカレー

大ぶりの鶏肉を大胆に煮込んだカレーを作る。こういうときは変な小細工をしないほうがいい。クミンシードを使って、超正統派インド料理の手法で。油にクミンの香りをじっくり移したら、玉ねぎを炒める。たったこれだけで、もう世界はインド。食べた人はきっと驚くはずだよ、「これ、本当にルウで作ったカレーなの？」って。

[香り UP！：クミンシード]

材料（4人分）
鶏骨つきもも肉　大2本（または小4本）
玉ねぎ　2個
トマト　3個
じゃがいも　2個
キャベツ　大5～6枚
サラダ油　大さじ1
クミンシード　小さじ1
おろしにんにく　小さじ2
おろししょうが　小さじ2
水　4カップ
カレールウ　2皿分
塩　小さじ1
ごはん　適量

作り方

1　玉ねぎは縦半分に切り、繊維に沿って薄切りにする。トマトは一口大の乱切りにし、じゃがいもは半分に切る。キャベツは手でざっとちぎる。鶏もも肉は関節の部分に包丁を入れて半分に切る（小4本なら切らなくてよい）。

2　鍋にサラダ油を入れて強火で熱し、鶏肉の皮目を下にして並べ入れる。こんがり焼けたら上下を返し、全体にしっかり焼き色をつけて取り出す。

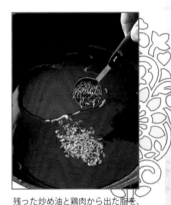

残った炒め油と鶏肉から出た脂を、1か所に寄せたところにクミンシードを加え、焦がさないようにじっくり炒めて香りを引き出す。

3　2の鍋に残った油にクミンシードを加えて弱火で熱し、シードのまわりが泡立ってきたら玉ねぎを加える。強めの中火にし、黄金色になるまで10～15分炒める。にんにく、しょうがを加えて炒め合わせ、香りが立ったらトマトを加えてさらに炒める。

4　分量の水を注ぎ、煮立ったら2の鶏肉を戻し入れてキャベツを加え、ふたをして弱火で20分ほど煮込む。じゃがいもを加え、ふたをしてさらに10～15分、じゃがいもがやわらかくなるまで煮込む。

玉ねぎは、出てきた甘みが少し焦げて香ばしくなるまで炒める。強めの火で、水分をとばすようにして火を通すとよい。

5　火を止めてカレールウを溶かし、塩を加えて再び弱火にかける。全体を混ぜながらなじませ、器に盛ったごはんにカレーをかける。

（調理時間：1時間10分）

ヘルシー食材注目株の胸肉が断然合う！

おそば屋さんの鶏肉カレー

材料（4人分）

鶏胸肉　400g

玉ねぎ　1/2個

長ねぎ　1/2本

半熟ゆで卵　2個

そばつゆ

　┌ 水　3カップ強

　│ 昆布　10cm

　│ 削り節　大きくひとつかみ

　│ しょうゆ　大さじ2

　└ みりん　大さじ3

カレールウ　2皿分

水溶き片栗粉　適量

（片栗粉を倍量の水で溶く）

ごはん　適量

そば屋のカレー丼には、脂っこくないスッキリした肉が合うんだよね。だから鶏の胸肉に限る。火が通ってほんのり白く色づいた肉は、やさしい歯ごたえでほっとさせてくれるんだ。やさしい味をめざしたいから、カレールウも控えめにしよう。

チキンの家カレー

作り方

1　玉ねぎは縦に1cm幅に切る。鶏胸肉は一口大のそぎ切りにする。長ねぎは5cm長さに切って網で焼き、縦半分に切る。

2　鍋にそばつゆの水と昆布を入れて弱火にかけ、沸騰直前に昆布を取り出して中火にし、削り節を加える。ひと煮立ちしたら火を止め、削り節が沈んだらペーパータオルでこす。

3　あいた鍋にしょうゆ、みりんを合わせて火にかけ、アルコール分がとんだら**2**のだしを加える。煮立ったら鶏肉、玉ねぎを加え、肉に火が通るまで弱火で煮て火を止め、カレールウを溶かす。

4　再び中火にかけ、煮立ったら長ねぎを加えてざっと混ぜ合わせる。全体を混ぜながら水溶き片栗粉をまわし入れ、とろみをつける。器にごはんを盛ってカレーをかけ、半分に切ったゆで卵をのせる。

（調理時間：35〜40分）

焼き網で焼いた長ねぎは、甘みと辛みのバランスが絶妙。香ばしくほろ苦い焦げ目が、和風な味のポイントに。

インドの家カレーで定番の材料と
隠し味を取り入れて！

インド風チキン炒カレー

材料（2人分）

鶏もも肉　1枚（200g）
オクラ　8本
玉ねぎ　10g
プレーンヨーグルト　大さじ3
ひよこ豆（水煮）　1缶
カレールウ　2皿分
　熱湯　1と1/4カップ
バター　20g
ごはん　適量

ルウカレーにこれを加えたら、誰もが「イン
ド風だね！」って思ってくれる必須アイテム
がある。それは、プレーンヨーグルトとフレッ
シュな玉ねぎ。スライスした玉ねぎとヨーグ
ルトを合わせ、もみつぶすような感じで混ぜ
ておこう。バターで炒めた鶏肉と豆をカレー
ソースでサッと煮たら、仕上げにそいつを加
えればOK。玉ねぎは「あめ色になるまで炒め
る」だけが、カレーの常識ではないんだよ。

作り方

1　カレールウは分量の熱湯で均一に溶いておく。
2　オクラはがくのまわりをぐるりとむく。玉ねぎは縦に薄切りにし、ヨー
　　グルトとよく混ぜておく。鶏肉は4等分に切る。ひよこ豆はざるに上
　　げて汁けをきる。
3　フライパンにバターを入れて中火で溶かし、鶏肉の皮目を下にして並
　　べ入れる。バターが焦げないように鶏肉を移動させながら強火で焼き、
　　カリッとしたらオクラとひよこ豆を加えて手早く炒める。
4　1のルウを注いで弱火にし、2分ほど煮る。2の玉ねぎを混ぜ合わせ、
　　ふたをして約1分、ときどきフライパンを揺すりながら煮る。
5　器にごはんを盛り、カレーをかける。

（調理時間：15分）

うまさUP！
プレーンヨーグルト
・玉ねぎ

ヨーグルトは酸味、玉ねぎは
ツンとくる特有の風味をプラ
ス。どちらも火を通さずに最
後に加えることで、カレー本
来の味を引き立てる。

玉ねぎは炒めず、ヨーグルトに混
ぜておいて最後に加える。半生玉
ねぎのフレッシュな辛みが、いい
感じのアクセントに。

アウトドアだから、ここぞとばかりにガーリック！

クイックキャンプカレー

[香り UP！：にんにく]

材料（4人分）

鶏もも肉　300g
にんにく　3片
玉ねぎ　1個
トマト　2個
小松菜　1/2束
カレールウ　4皿分
サラダ油　大さじ3
チキンブイヨン　2カップ
（固形や顆粒のブイヨンを湯2カップで溶く）
ごはん　適量

キャンプのカレーには、家でじっくり作るのと違って人目を引く大胆さが欲しいよね。そこで編み出したのがこのレシピ。もっぱら煮込みに使われるだけのカレールウを、なんと炒めちゃう！　しかも一緒に炒めるのはにんにく。この際たっぷり入れちゃおう。にくい！派手！　香ばしさに香ばしさを加えて、忘れられない味のカレーに仕上げてね。

たっぷりのにんにくをたっぷりの油でこんがり炒める。このくらい大胆なガーリック風味がアウトドアにはちょうどいい。

作り方

1　にんにく、玉ねぎ、トマトは粗みじん切りにする。小松菜は2cm長さに切る。鶏肉は一口大に切る。カレールウは細かく刻んでおく。

2　中華鍋にサラダ油を入れて強めの中火で熱し、にんにくをこんがりするまで炒める。玉ねぎを加えてさらに2〜3分炒め、1のルウを加え、香ばしい香りが立つまでよく炒める。

3　トマトを加えて2〜3分炒め、鶏肉を加え、表面の色が変わるまで炒め合わせる。チキンブイヨンを注いで煮立て、鶏肉に完全に火が通るまで約5分煮る。

4　小松菜を加えてサッと火を通し、器に盛ったごはんにカレーをかける。

（調理時間：20〜25分）

何と、刻んだルウを加えて炒める！にんにくに負けない香ばしさを出すための手法だが、キャンプの場を盛り上げる目的も⁉

チキンの家カレー

カリッとしてスパイシー。
カレー風味の揚げ物は、大人にも子どもにも禁断のスナックだ。
一度食べたらもう手が止まらない！

オニオンカレーフライ

ビールのお供にぴったりの香ばしさ。
高めの温度でしっかり揚げてサクサクに。

材料（4人分）
玉ねぎ　1と1/2個
ころも
　小麦粉　50g
　カレー粉　小さじ2
　塩　小さじ1/4
　水　大さじ5
揚げ油　適量

作り方
1　玉ねぎは縦半分に切り、繊維に沿っ
　　て薄切りにする。
2　ボウルにころもの材料を混ぜ合わせ、
　　玉ねぎを加えてからめる。
3　揚げ油を180度に熱し、2を玉じゃ
　　くしなどで薄めにすくい入れてカ
　　リッと揚げる。

アスパラとえびの豚肉巻きカレーフライ

カレー粉をふった豚肉を巻いて、アスパラやえびを
グーンとボリュームアップ。

材料（4人分）
グリーンアスパラ　12本
えび　8尾
　豚バラ肉（しゃぶしゃぶ用）
　　20枚（約250g）
　塩・こしょう　各少々
　カレー粉　小さじ2
から揚げ粉（市販品）　適量
揚げ油　適量

作り方
1　グリーンアスパラは茎の下1/3の
　　皮をむく。えびは殻をむいて頭
　　と背ワタをとり、水けをよくふ
　　きとる。豚肉は広げて塩、こしょ
　　う、カレー粉をまぶす。
2　アスパラとえびに、豚肉を1枚
　　ずつ斜めに巻きつける。全体に
　　から揚げ粉をふり、180度に熱
　　した揚げ油でこんがりと揚げる。

アイデア＆個性がキラリ

ひき肉とベーコン・ウインナの家カレー

いつもと違う味つけや素材の組み合わせ、
ちょっと変わったアイデアも、
ひき肉ならドーンと受けとめてくれる。
スピーディーに作りたいなら、
ベーコンやウインナも頼りになるよ。

Minced meat
Bacon
Wiener

隠し味は、アーモンドと生クリーム。一晩ねかせたコクが出る！

喫茶店のキーマカレー

材料（4人分）

合いびき肉（できれば粗びき）　400g

玉ねぎ　1個

ミニトマト　15個

アーモンド　30g

グリーンピース（さやから出して）　2カップ

カレールウ　3皿分

サラダ油　大さじ1

おろしにんにく　大さじ1

おろししょうが　大さじ1

水　2カップ

インスタントコーヒー（粉）　小さじ1

生クリーム　大さじ4

ごはん　適量

ねかせなくても、ねかせたようにおいしいカレーができる。しかも簡単に。嘘だと思うでしょ？　でも、このカレーを作ってくれれば、納得してもらえるはず。秘密はアーモンドと生クリームのコクにあるんだよね。隠し味ってのは、こうやって使うものなんだよ（笑）。

作り方

1　玉ねぎは粗みじん切りにする。ミニトマトは縦半分に切る。アーモンドは厚手のポリ袋に入れ、めん棒でたたいて細かくつぶす。カレールウはざっと刻んでおく。

2　鍋にサラダ油を入れて中火～強火で熱し、玉ねぎを炒める。しんなりしたら、にんにく、しょうがを加えてさらに炒め、香りが立ったらひき肉を加え、色が変わるまで炒める。

3　1のアーモンドを加えてよく混ぜ合わせ、分量の水を注ぐ。煮立ったら中火にして10分ほど煮込み、グリーンピース、インスタントコーヒー、生クリームを加え、さらに弱火で3分ほど煮る。

4　グリーンピースがやわらかくなったら火を止め、刻んだ1のルウを溶かす。ミニトマトを混ぜ合わせ、再び弱火で温め、器に盛ったごはんにかける。

（調理時間：25～30分）

キーマカレーは水分が少ないので、カレールウは刻んで加えたほうが溶けやすく、混ざりやすい。

ちょこっと、ぜ・い・た・く。

洋食屋さんのハンバーグカレー

材料（4人分）

ハンバーグ
- 合いびき肉　600g
- 玉ねぎ（みじん切り）　大1個分（炒めて300g）
- 塩・こしょう　各適量
- 卵　1個
- 生パン粉　60g
- 牛乳　大さじ5
- トマトケチャップ　大さじ3
- オリーブオイル　大さじ2
- ブランデー　大さじ1

サラダ油　適量
デミグラスソース（市販品）　1缶（290〜310g）
水　2カップ
カレールウ　3皿分
バター　少々
卵　4個
ごはん　適量

カレーの具にハンバーグを入れた、というよりも、ハンバーグをカレーソースでグツグツ煮込んだイメージのカレー。肉厚のハンバーグに目玉焼きまでのっけたから、ふだんよりもちょっとだけ、ぜいたくな気持ちになれると思うよ。洋食屋さんってそういうところだよね。スプーンで豪快にくずして、ごはんと混ぜながら食べよう。

作り方

1 ハンバーグ用の玉ねぎは、サラダ油少々を熱したフライパンで透き通るまで炒める。ボウルに移してさまし、ほかのハンバーグ用の材料をすべて加え、手でよく混ぜる。粘りが出てきたらラップをかけ、冷蔵庫で冷やしておく。

2 鍋にデミグラスソースと分量の水を入れて火にかけ、煮立ったら弱火にし、15分ほど煮る。火を止めてカレールウを溶かす。

3 手にサラダ油少々をぬり、1のたねを1/4量ずつとり、空気を抜きながら小判形に整える。

4 フライパンにバターを入れて中火で熱し、3を並べ入れる。下側がこんがりしたら裏返し、両面に焼き色をつける。油をきって2の鍋に加え、ふたをして弱火で5分ほど煮る。

5 フライパンをきれいにしてサラダ油少々を熱し、卵を割り入れ、目玉焼きを作る。器にごはんを盛り、4のカレーをかけ、目玉焼きをのせる。

（調理時間：40〜45分）

デミグラスソースの力を借りれば、洋食屋さんらしい複雑な味わいが、手軽に生み出せる。ハンバーグのたねに、キリッとしてコクのあるブランデーを加えるのもミソ。

ひき肉とベーコン・ウインナの家カレー

ひき肉のカレーはキーマじゃない？って思われるかな。でも、食べたら納得してもらえるはず。このめんつゆベースの味わいは、正真正銘「純和風」。香ばしくてやわらかい厚揚げが、さらに和食っぽさを強めてくれる。

なすと厚揚げのやわらかさがおもしろい。新感覚のそぼろカレー。

純和風そぼろ炒（チャー）カレー

ひき肉とベーコン・ウインナの家カレー

材料（2人分）

豚ひき肉　200g
なす　2個
厚揚げ　1枚
カレールウ　2皿分
　熱湯　1と1/4カップ
サラダ油　小さじ2
めんつゆ（3倍希釈タイプ）　小さじ2
ごはん　適量

うまさUP！
めんつゆ

かつおだしとしょうゆ、砂糖などが主原料。これひとふりで、驚くほど簡単にカレーを和食に仕上げることができる、超便利なアイテムだ。

作り方

1 カレールウは分量の熱湯で均一に溶いておく。

2 なすは1cm幅の輪切りにし、厚揚げは横半分にして1cm幅に切る。

3 フライパンにサラダ油を入れて中火で熱し、ひき肉を完全に火が通るまでしっかり炒める。

4 なすを加え、肉から出た脂をからめながら炒め合わせる。厚揚げを加え、形をくずさないようにていねいに混ぜ合わせる。

5 1のルウを注いでめんつゆを加え、ふたをして弱火で5分ほど、ときどきフライパンを揺すりながら煮る。器にごはんを盛り、カレーをかける。

（調理時間：15分）

海藻をカレーにするなんて、日本人じゃなければなかなか思いつかないアイデアなのでは？　合わせる豆は、ゆでた枝豆。まろやかさは豆乳が担当。栄養満点で食べ心地の軽い、ヘルシーカレーのでき上がり！

ひじきの個性抜群！　包丁を使わずに作る、画期的な炒カレー。

ヘルシーひき肉炒カレー

材料（2人分）

合いびき肉　200g

ひじき　15g

枝豆　200g（正味 1/2 カップ）

カレールウ　2皿分
　熱湯　1と 1/4 カップ

サラダ油　小さじ2

豆乳　1/2 カップ

ごはん　適量

作り方

1　カレールウは分量の熱湯で均一に溶いておく。

2　ひじきは水につけてもどし、ざるに上げる。枝豆は塩ゆでしてさやから出す。

3　フライパンにサラダ油を入れて強火で熱し、ひき肉を完全に火が通るまでしっかり炒める。ひじきを加えてよく混ぜ、1分ほど煮たら枝豆を加えてざっと混ぜる。

4　1のルウを注ぎ、豆乳を加えて煮立て、弱火にして5〜6分煮る。器にごはんを盛り、カレーをかける。

（調理時間：10分）

＊ひじきを戻す時間は除く。

うまさUP！
豆乳

カレーをクリーミーで食べやすい味に。ひじきに豆乳という異色のコンビは、慣れ親しんだ和風の味わいと未体験のおいしさ、両方を与えてくれる。

鶏だんごに隠れたれんこんのシャキシャキ感と、香菜の風味がアクセント。

エスニック鶏だんごカレー

材料（4人分）

鶏だんご

　鶏ひき肉　600g

　れんこん　200g

　長ねぎ（みじん切り）　大さじ4

　おろししょうが　小さじ1

　酒　大さじ2

　片栗粉　大さじ1

　しょうゆ　少々

水　3カップ

はちみつ　大さじ1

ナンプラー　小さじ1

カレールウ　4皿分

揚げ油　適量

ごはん　適量

香菜（刻んだもの）　大さじ3

シャキシャキしたれんこんの食感を、カレーに生かす方法はないだろうかって考えた。普通に煮込むと、意外とれんこんってやわらかくなっちゃうんだよね。だから、細かく刻んで鶏ひき肉と一緒に肉だんごにすることにしたんだ。見た目にはれんこんがどこにもいないのに、食べるとだんごの中からあの独特の食感が現れる。ちょっと遊び心のある楽しいカレーに仕上がると思うよ。

作り方

1　れんこんは粗みじん切りにする。

2　ボウルに鶏だんごの材料を入れて、粘りが出るまで手でよく練り混ぜ、冷蔵庫で30分ねかせる。食べやすい大きさに丸め、170度の揚げ油で表面がこんがりするまで揚げる。

3　鍋に分量の水とはちみつ、ナンプラーを入れて火にかけ、煮立ったら2の鶏だんごを加え、弱火で10分ほど煮る。火を止めてカレールウを溶かし、再び弱火にかけて混ぜながらとろみをつける。

4　香菜をサッと混ぜ合わせ、器に盛ったごはんにかける。

（調理時間：30〜35分）

＊鶏だんごのたねをねかせる時間は除く。

鶏だんごに混ぜ込むれんこんは、繊維を断ち切るように刻むと、シャキシャキの歯ざわりが生きる。

意外な組み合わせにファン多し！

納豆キムチのスタミナカレー

材料（4人分）

豚ひき肉　400g

白菜キムチ　150g

木綿豆腐　1丁

納豆　2パック

にんにく（みじん切り）　3片分

サラダ油　大さじ1

みそ　大さじ1

水　3カップ

カレールウ　3.5皿分

ごはん　適量

「まさか!?」と思うかもしれないけれど、ボクのまわりには意外とファンが多い納豆とキムチのカレー。スパイスの刺激が控えめなルウの場合は、これくらいインパクトのある食材で個性を加えたい。だまされたと思って作ってみて。

作り方

1　キムチは食べやすい大きさに切る。豆腐は時間があればざるにのせ、皿などで重しをして水きりする。

2　鍋にサラダ油を入れて中火〜強火で熱し、にんにく、ひき肉を炒める。完全に火が通ったら、豆腐とみそを加え、豆腐をくずしながら水分が完全にとぶまで炒める。

3　分量の水を注ぎ、煮立ったら中火にして10分ほど煮る。火を止め、カレールウを溶かす。

4　再び弱火にかけて納豆を加え、軽く混ぜる。火を止めてキムチを混ぜ合わせ、器に盛ったごはんにかける。

（調理時間：25〜30分）

ひき肉とベーコン・ウインナの家カレー

にんにくの香りがポイント。
味も彩りもイタリアンなカレー。

イタリアン炒カレー

材料（2人分）

ベーコン（薄切り）　150g

トマト　小2個

ほうれんそう　1/2束

カレールウ　2皿分

熱湯　1と1/4カップ

にんにく（みじん切り）　1/2片分

スライスアーモンド　15g

オリーブオイル　小さじ2

ごはん　適量

ベーコン、トマト、ほうれんそうはイタリアンのゴールデントライアングル。にんにくの香りをじっくりオリーブオイルに移したら、ベーコンを入れてカリッと脂が出まくるまで炒めよう。ベーコンはスモーク風味がついたものがいいね。

作り方

1　カレールウは分量の熱湯で均一に溶いておく。

2　ベーコンは3〜4等分に切る。トマトは8等分のくし形に切り、ほうれんそうはざく切りにして茎と葉に分ける。

3　フライパンにオリーブオイルとにんにくを入れて中火で熱し、香りが立ってきたらベーコンを加えてカリッとするまで炒める。トマトを加え、フライパンを軽く揺すりながら両面を焼く。ほうれんそうの茎とアーモンドをざっと炒め合わせる。

4　1のルウを注ぎ、煮立ったらほうれんそうの葉を混ぜ合わせ、さらに1分煮る。器にごはんを盛り、カレーをかける。

（調理時間：10〜15分）

うまさUP！
スライスアーモンド

スライスアーモンドは、独特のコクと香ばしさをプラスすると同時に、カレーをちょっとオトナで上品な印象に。

にんにくの香りのオリーブオイルと、たっぷりのベーコンの脂でトマトを焼く。水けが出やすいのでかきまわさずに。

カレーにたっぷりのチーズをかけて焼いて、徹底的にとろけさせちゃおう、というのがこのレシピ。こんがり香ばしく焼かれてフツフツとしているカレーを見ると、食欲が倍増するはず。一気にかき込みたくなっちゃうけど、ヤケドには要注意。

焼きたてのアツアツ＆とろりがごちそう。

きのこのこんがり焼きカレー

材料（4人分）

ベーコン　5枚
まいたけ　1パック
しめじ　1パック
バター　10g
白ワイン　1/2カップ
水　2と1/2カップ
カレールウ　3.5皿分
ごはん　茶碗3〜4杯
粉チーズ　大さじ5
パセリ（みじん切り）　大さじ2
パン粉　大さじ1

作り方

1　ベーコンは1cm幅に切る。まいたけ、しめじは小房に分ける。

2　鍋にバターを入れて中火で熱し、ベーコンをカリッとするまで炒める。まいたけ、しめじを加えて炒め合わせ、白ワインを注ぎ、煮立ててアルコール分をとばす。

3　分量の水を注ぎ、10分ほど煮て火を止め、カレールウを溶かす。

4　耐熱皿にごはんを平らに盛って、**3**のカレーをかける。粉チーズ、パセリ、パン粉をふり、200度に温めたオーブンに入れ、表面がこんがりするまで10分ほど焼く。

（調理時間：35〜40分）

粉チーズは、カレーのすぐれた隠し味。
サッと火を通すだけでカレーにうまく融合して、みん
ながカレーに求める「コクとまろやかさ」の両方を一
発で加えられる。ウインナとの相性もピッタリ。

子どもも楽しめる素材が集合！ このまろやかさが洋食風。

洋食屋さんのウインナ炒カレー

材料（2人分）

粗びきウインナ　120g
ブラウンマッシュルーム　5個
グリーンアスパラ　5本
｜カレールウ　2皿分
　｜熱湯　1と1/4カップ
粉チーズ　大さじ1
サラダ油　小さじ2
ごはん　適量

作り方

1　カレールウは分量の熱湯で均一に溶いておく。
2　ウインナには片面に4〜5mm間隔で深く切り込みを入れる。マッシュルームは根元を切り落とし、縦半分に切る。アスパラは下半分の皮をむき、4〜5cm長さに切る。
3　フライパンにサラダ油を熱し、ウインナを中火でしっかり炒める。切り込みが開いたらマッシュルームを加え、油をからめるように炒める。アスパラを加え、さらに炒め合わせる。
4　1のルウを注ぎ、粉チーズをふり、弱火にしてサッと煮る。器にごはんを盛り、カレーをかける。

（調理時間：10分）

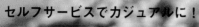

セルフサービスでカジュアルに！
ランチパーティ用ドライカレー

材料（4人分）

ウインナ　大5本

赤唐辛子　7本

にんにく　1片

玉ねぎ　1個

ピーマン　1個

サラダ油　大さじ1

白ワイン　1/2カップ

トマトケチャップ　大さじ1

しょうゆ　大さじ1

チキンブイヨン　3カップ

（固形や顆粒のブイヨンを湯3カップで溶く）

カレールウ　3皿分

バター　10g

砂糖　小さじ1

ごはん（硬めに炊く）　茶碗4杯分

作り方

1　赤唐辛子はヘタを切って種を抜く。にんにく、玉ねぎは縦半分に切って薄切りにする。ピーマンは5mm角、ウインナは1cm幅に切る。

2　鍋にサラダ油と赤唐辛子を入れて弱火で熱し、香りが立ったらにんにく、玉ねぎを加え、ほんのり茶色になるまで中火で炒める。

3　ウインナとピーマンを加え、表面にしっかり焼き色がつくまで炒める。白ワインを注いで強火で煮立て、アルコール分を完全にとばす。

4　トマトケチャップ、しょうゆ、チキンブイヨンを加え、ふたをして弱火で20分ほど煮込む。火を止め、カレールウ、バター、砂糖を溶かす。

5　再び弱火にかけ、ごはんを加え、均一になじむまで3分ほど混ぜ合わせながら温める。

（調理時間：40〜45分）

ひき肉とベーコン・ウインナの家カレー

身近な素材だけでもていねいに作れば「おもてなし」向きの一品に。ウインナもピーマンも、しっかり炒めてから白ワインを加えよう。

みんなで食べるカレーって、なぜか特別においしいんだよね。テーブルの真ん中に大きな鍋をドンと置いて、あとはそれぞれセルフサービス。鍋みたいに誰かが面倒見たりしなくてもいい。これはごはんも一緒に混ぜちゃってるんだから、お皿に盛って食べるだけ。お互い余計な気づかいも無用。究極のパーティ料理かもしれないね。

水野仁輔

水野仁輔（みずの じんすけ、1974 年〜）は、自称・カレーの人。
株式会社 AIR SPICE 代表。「カレーとは、コミュニケーション
ツールである」をモットーに、数々のイベントを主催し続け
ること四半世紀。カレーに関するさまざまな情報や考察を発
信している。

水野仁輔

2024 年撮影

国籍 ● 日本
出身地 静岡県浜松市

経歴

1974 年、静岡県に生まれる。6 歳から浜松市内のカレー店「ボ
ンベイ」に通い、大学進学とともに上京後は「ボンベイ」に
代わる心の拠り所を求めて、都内のカレー店を食べ歩いた。

1999 年、都内の公園に出没してカレーを食べるというイベ
ントの常連メンバーにより、「東京カリ〜番長 [1]」結成。
2008 年結成のインド料理集団「東京スパイス番長」をはじめ、
数々のカレープレーヤー [2] 集団を結成し、活動を継続中。

2001 年、初の著書『俺カレー』（アスペクト）を上梓（東京カリ〜番長名義）。その後もカレー
にまつわる著書を次々に出版する。
2007 年、ルウカレー全盛の世に堂々送り出したルウカレーレシピ本『喝采！ 家カレー　いつ
ものルウだけで。うまさ新境地。』（主婦と生活社）が話題を呼ぶ。[4]

2016 年、「カレーの学校 [3]」開校。AIR SPICE [5] サービスを開始。

脚注

[1] カレーに特化した出張料理ユニット。東京 23 区を制覇後は、全国 47 都道府県制覇を
目指しながら、著書の出版、CD 制作など幅広く手がける。水野は「2 度と同じカレー
は作らない」をポリシーとしてレシピを開発した。
[2] 「『おいしいカレーを作る、食べる』を目的ではなく手段とし、カレーをモチーフとし
た活動を楽しむ人」の意。
[3] 水野自身が主催する通学講座。別名・カレープレーイヤー養成所。現在まで 42 期（各
期 90 分 6 コマ）の授業を実施。1000 名近くが卒業。
[4] 好評につき、翌年以降も『感動！ 炒カレー』、『絶品！ 香カレー』、『別格！ 香カレー』
と 3 冊のルウカレー本が出版された。
[5] カレーやスパイス料理のレシピとともにスパイスセットを販売するサブスクリプショ
ンサービスを行う。

外部リンク

・ カレー計画　　　　http://www.curry-book.com
・ カレーの学校　　　https://curryschool.jp
・ AIR SPICE　　　　http://www.airspice.jp

スタッフ

撮影　今清水隆宏
スタイリング　曲田有子
取材　奈良結子
デザイン　高市美佳
校正　福島啓子
編集　深山里映

＊本書は、2007〜2010 年に出版の『喝采！ 家カレー』
『感動！ 炒カレー』『絶品！ 香カレー』『別格！ 旬
カレー』の 4 冊に加筆、新規取材を加え、再編集
したものです。

超絶！ 肉の家カレー革命　決定版

著　者　水野仁輔
編集人　束田卓郎
発行人　殿塚郁夫
発行所　株式会社 主婦と生活社
　　　　〒 104-8357 東京都中央区京橋 3-5-7
　　　　編集部 tel. 03-3563-5129
　　　　販売部 tel. 03-3563-5121
　　　　生産部 tel. 03-3563-5125
　　　　https://www.shufu.co.jp
製版所　東京カラーフォト・プロセス株式会社
印刷所　大日本印刷株式会社
製本所　株式会社若林製本工場
ISBN 978-4-391-16257-8